EXTRAIT DE LA NOUVELLE MINERVE
26 Mars 1837.

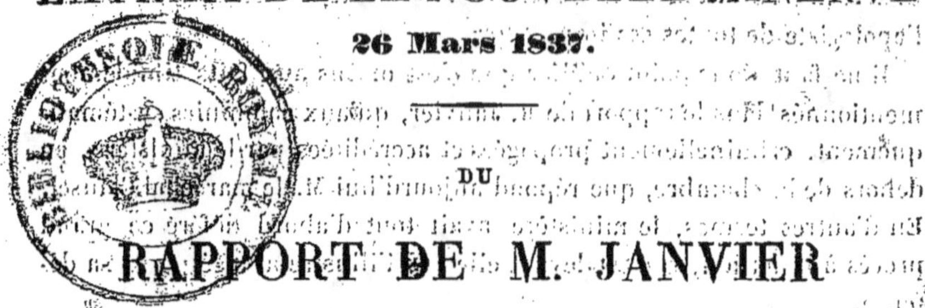

RAPPORT DE M. JANVIER

ET DU

MÉMOIRE

DU MARÉCHAL CLAUSEL.

Le rapport de la commission sur les crédits supplémentaires qui s'appliquent à l'accroissement de l'effectif de l'armée d'Afrique, et les explications de M. le maréchal Clausel, ont paru simultanément. L'attaque et la défense sont en présence; les deux partis ont pris position sur le terrain de la publicité, la nation est saisie, et, sauf les nouvelles lumières qui vont jaillir du conflit parlementaire, il est déjà très-raisonnablement permis de préjuger à qui demeurera la victoire, et de quel côté sera le droit, la vérité, la justice; de quel côté, l'arbitraire, la mauvaise foi et la calomnie.

Toutefois, avant d'apprécier les forces respectives des deux camps, avant de comparer et de juger, l'un par l'autre, le rapport de M. Janvier et le mémoire justificatif de M. le maréchal Clausel, il faut consigner ici une observation indispensable à l'intelligence de ce grand débat, et sans laquelle la défense de l'un ne paraîtrait plus mesurée sur l'attaque de l'autre : c'est que le rapport de la commission n'est qu'un faible reflet, une réminiscence décolorée, incertaine et presque honteuse des accusations si positives, si outrageantes, si obstinées, que le ministère a fait articuler contre la capacité militaire et l'intégrité personnelle de M. le maréchal Clausel : accusations sans l'évidence et la gravité desquelles la destitution anticipée de l'honorable gouverneur d'Alger n'aurait été qu'un fait stupide ou un acte odieux de bon plaisir; c'est encore que la commission des crédits supplémentaires, quoique évidemment animée du besoin de cacher les plaies du cabinet doctrinaire, a cepen-

dant reculé devant la honte de se faire l'instrument de toutes ses haines,
l'apologiste de toutes ses impostures.

Il ne faut donc point oublier que c'est moins aux faits timidement
mentionnés dans le rapport de M. Janvier, qu'aux calomnies systématiquement, criminellement propagées et accréditées par le ministère, en
dehors de la chambre, que répond aujourd'hui M. le maréchal Clausel.
En d'autres termes, le ministère avait tout d'abord déféré ce grand
procès à la nation, et c'est devant elle que l'illustre accusé porte sa défense.

Cette distinction une fois établie, faisons un faisceau des imputations
éparses çà et là, dans le long et pénible travail de M. Janvier. Ces imputations portent sur deux ordres de faits : les faits relatifs aux expéditions dans la province d'Oran et les faits qui se rattachent à l'expédition de Constantine.

Après la défaite du général Trezel à la *Macta*, « le gouvernement, dit
» M. Janvier, voulut prouver à Abd-el-Kader, que la main de la France
» qui l'avait élevé si haut comme allié, pouvait l'abaisser dès qu'il de-
» venait ennemi. Le gouvernement crut donc devoir *autoriser* l'expédi-
» tion de Mascara [1]. Mais cette expédition n'abattit pas la puissance
» d'Abd-el-Kader, *comme l'avait espéré M. le maréchal Clauzel* (premier
» grief articulé par voie d'insinuation). Il croyait ce chef arabe réduit à la
» dernière extrémité ; il ne s'agissait plus que de lui porter les derniers
» coups, suivant une expression souvent répétée dans sa correspon-
» dance. Et cependant, « le 5 janvier, le maréchal qui n'était à Oran
» que depuis peu de jours, se dirigea sur Tlemcen à la tête d'un corps
» d'expédition presque aussi considérable que celui avec lequel il était
» allé à Mascara » (deuxième grief), car M. le ministre de la guerre
avait déclaré au maréchal que, le cas excepté où Abd-el-Kader cher-
cherait à se jeter dans cette place, il était dans la nécessité de lui rappeler qu'il fallait « s'abstenir de toute expédition sans nécessité évi-
dente et sans résultat clairement utile. » Le maréchal est donc indirec-
tement accusé d'avoir fait de son chef l'expédition de Tlemcen « que le
ministre n'a pas approuvée jusqu'au moment où il a su qu'elle était
faite ou qu'elle se ferait. »

Et cependant, on lit quelques lignes plus bas : « Le ministre ne
réfléchit point assez aux difficultés, aux distances ; il crut qu'il ne
s'agissait que d'une expédition de quelques jours, après laquelle une

---

[1] *Autoriser !* Le mot est heureux. Quoi vous vous bornez à *autoriser* une
expédition commandée, dites-vous, par le sentiment de l'honneur national ;
quoi vous, gouvernement, vous ne prenez point l'initiative, et déjà, il faut
vous arracher l'*autorisation* de venger la gloire de vos armes, l'éclat de
votre drapeau !

partie des troupes pourrait revenir en France comme il en avait donné l'ordre. — Pourquoi donc ce reproche d'irréflexion adressé au ministre s'il est vrai qu'il n'eût connu et approuvé l'expédition que lorsqu'elle a été faite? Mais ne perdons point de vue la série des accusations dirigées contre le maréchal; c'est lui qui les réfutera.

Arrivé à Tlemcen et forcé de frapper une contribution pour pourvoir à la sécurité et à une partie des dépenses de la garnison française laissée dans cette place, on accuse le maréchal d'avoir laissé commettre des actes de sévices dans le mode de perception; de l'avoir confiée aux indigènes mêmes, et de n'en avoir point chargé les agens de l'administration française; on lui reproche encore d'avoir fait peser cette contribution sur les habitans les plus riches, braves gens qui lui écrivaient : « Il est vrai que nous avons eu *tort de piller la ville*, mais vous étiez » pleins de bonté et de générosité, et vous pardonnerez *à vos enfans*, » autrement nos ennemis croiraient que vous n'avez aucun égard » pour nous. » — Qui le croirait? le maréchal préféra avoir des égards pour d'honnêtes gens sans pain, que pour des pillards couverts de rapine. Quant aux concessions, exactions, dilapidations, rapines et vols dont le maréchal Clauzel se rendit coupable dans cette circonstance, il n'en est point dit un mot dans le rapport de M. Janvier. Au contraire, on veut bien convenir que la somme absorbée a été employée à des dépenses que le gouvernement a ratifiées.

« Enfin, M. le maréchal averti, éclairé sur le caractère de la contri-
» bution par les réclamations présentes de la tribune, éprouva le besoin
» de mettre fin à ce débat. Le 29 septembre dernier, il adressait ces
» questions à M. le ministre de la guerre : « Que voulez-vous qu'on
» fasse de cette somme? (La somme encore disponible.) La laissera-t-
» on à la disposition du bey de Tlemcen? La conservera-t-on dans la
» caisse du payeur? La rendra-t-on aux habitans de Tlemcen? Donnez
» des ordres afin qu'il n'en soit plus question. »

» M. le gouverneur n'attendait pas que ces ordres fussent arrivés :
» cédant à une inspiration que nous ne saurions trop approuver, le
» lendemain il faisait insérer dans le *Moniteur algérien*, journal officiel,
» un avis ainsi conçu :

» Contribution de Tlemcen : — Par ordre de M. le maréchal-gouver-
» neur, la portion de la contribution de Tlemcen qui n'a pas été employée
» aux dépenses auxquelles elle était affectée, sera remboursée aux per-
» sonnes qui l'ont versée en proportion de ce qu'elles ont donné. La
» somme qui est encore disponible, et qui doit être rendue aux contri-
» buables, s'élève à peu près à la moitié de la contribution. »

Mais que fit le ministère? Il désapprouva cette restitution, et déclara charitablement que la contribution devait être considérée *comme une recette municipale.*

Autre crime : Le maréchal, voulant établir des fortifications à l'embouchure de la Tafna, et faire occuper l'île de Rachgoun, pour rendre libres et sures les communications entre Tlemcen et la mer, donne l'ordre au colonel Lemercier de se rendre à Oran avec une compagnie de sapeurs du génie, *sans en avoir demandé l'autorisation au ministre.* Conçoit-on un maréchal de France, un général en chef, un gouverneur général, qui se permet de mobiliser une compagnie sans l'agrément préalable du ministre de la guerre? Aussi la commission se trouve-t-elle ici « dans la nécessité de signaler de nouveau l'esprit d'in-
» discipline qui s'est introduit en Afrique, et dont l'exemple a été
» donné par les chefs de l'armée, et *encouragé par les incertitudes du*
» *gouvernement.* »

Mais voici un fait bien autrement grave, et que nous signalons à la sérieuse attention de nos lecteurs. Le genéral Darlanges, après avoir rencontré et battu Abd-el-Kader dans son expédition à le'mbouchure de la Tafna, écrit au gouverneur-général : « Les troupes
» revenaient à peine de la glorieuse et brillante expédition du général
» Perregaux; elles avaient besoin de repos; mais toute perte de temps
» pouvait renverser mes projets, j'étais poursuivi de l'idée de voir
» arriver à toute heure les vaisseaux et l'ordre qui, dans l'état actuel
» des choses, pouvaient *perdre nos officiers*; je me mis donc en route
» le 7 de ce mois. » —Voyez-vous co général français forcé d'escroquer une victoire et le salut de ses officiers au glorieux gouvernement de la doctrine ?

Tels sont les méfaits dont le maréchal Clausel s'est rendu coupable dans la province d'Oran; voyons les énormités qu'il a commises dans la province de Constantine.

« Il avait été question plusieurs fois d'une expédition sur Constan-
» tine, le gouvernement avait même fait prendre des renseignemens à
» cet égard; mais c'était une idée complètement abandonnée, lors-
» qu'elle fut ressuscitée par M. le maréchal Clausel. Dès son premier
» commandement en Afrique, il avait eu pour système d'établir, par-
» tout où la souveraineté de la France ne s'exercerait pas directement,
» des beys de création française. Au mois de décembre 1830, il avait
» lancé un arrêté de destitution contre Achmet et l'avait remplacé par
» un prince de la maison de Tunis. Le traité, comme celui relatif à la
» province d'Oran, stipulait sa vassalité et le paiement d'un tribut an-
» nuel; mais le gouvernement annula ce second traité comme le pre-
» mier. »

Après avoir articulé ces premiers crimes, la commission regarde

comme une résolution prématurée et inopportune celle qui a été le principe de l'expédition de Constantine. Mais à qui appartient-elle? il ne peut, dit-elle, s'élever aucun doute à cet égard si on se reporte à une lettre que M. le maréchal Clausel écrivait au général Rapatel, le 2 août, et où il était dit : « Un système de domination absolue de l'ex-
» régence d'Alger est, sur ma proposition, définitivement adopté par
» le gouvernement, etc. »

Le blâme de cette résolution revient de droit au maréchal. Il est bien vrai que le gouvernement lui donna son approbation, mais, dit le rapporteur, cette approbation avait quelque chose d'*hypothétique*.

« D'un autre côté, ajoute la commission, comment n'a-t-il pas été
» désavoué par le ministre dès que celui-ci a eu connaissance des
» ordres transmis à M. le général Rapatel. Par quel motif, de son auto-
» rité, le ministre n'éleva-t-il pas la moindre objection quand M. le
» gouverneur général lui remit, avant son départ, copie de la dépêche
» du 2 août? Nous ne saurions admettre qu'il soit du véritable carac-
» tère de l'autorité de laisser un commandant militaire préparer une
» expédition, sauf à le désavouer plus tard, sous prétexte qu'il a agi
» sans autorisation écrite. M. le maréchal Clausel est parti dans la con-
» fiance que tous ses projets étaient approuvés par le cabinet. »

Cependant le maréchal Maison, prêt à *quitter le ministère*, manda, le 30 août, à la fois à l'intendant militaire et au gouverneur général que les dispositions *ordonnées* « étaient, dans leur ensemble, conformes aux
» entretiens, aux communications verbales avec plusieurs des ministres
» du roi, mais qu'elles n'avaient été l'objet d'aucune délibération du con-
» seil et n'avaient point reçu la sanction définitive du gouvernement. »
Des dispositions ordonnées par un ministre de la guerre qui n'ont point reçu la sanction définitive du gouvernement! Voilà qui est curieux et édifiant.

Quant au ministère du 6 septembre, la commission pense que « par
» suite du *consentement au moins tacite* du précédent cabinet, le cabi-
» net nouveau trouve l'avenir jusqu'à un certain point engagé. »

En ce qui concerne le maréchal, ses crimes sont :

« D'avoir, pour dissiper les appréhensions qu'il présumait devoir
» être éprouvées par le ministère du 6 septembre, affirmé que tous les
» moyens pour l'expédition étaient prêts, et *qu'il ne manquait plus que*
» *l'arrivée à Bone des troupes nécessaires*. Constantine, écrivait-il, est
» un admirable champ pour la colonisation.... C'est là qu'il faut frap-
» per, qu'il faut nous asseoir. Tout est prêt, tarderons-nous seuls à
» l'être? N'agirons-nous pas quand le temps et les faits nous pressent?
» Dans cette conjoncture si grave, si intéressante pour l'avenir de
» notre établissement en Afrique, j'ai voulu m'éclairer de l'avis du

» conseil d'administration, je l'ai consulté en mettant sous ses yeux
» les dépêches que je venais de recevoir du colonel Duverger. Il a été
» unanime pour reconnaître la nécessité d'entreprendre, dans le plus
» bref délai, l'expédition projetée et annoncée. Il joint tout entier ses
» vives sollicitations aux miennes pour vous demander, M. le mini-
» stre, pour demander au gouvernement du roi, au nom des plus chers
» intérêts de la France, au nom de sa gloire et de son honneur, de
» presser, par tous les moyens possibles, l'envoi des troupes qui ont
» été promises pour cette expédition... »

Malgré cet appel le vigoureux ministère du 6 septembre écrivait :
« Qu'il aurait désiré qu'il n'eût pas encore été question de l'expédition
» de Constantine ; — qu'il autorise cette expédition, mais seulement
» comme une opération nécessitée par les évènemens ; comme une
» opération toute spéciale et sans que cela puisse tirer à conséquence
» pour la question de l'occupation, et sans rien faire préjuger de ce
» qui pourra être ultérieurement décidé à cet égard. »

» Etait-il possible que le gouvernement ajournât l'expédition ? de-
» mande M. Janvier. Elle était tellement considérée comme inévitable
» en Afrique, qu'Achmet-Bey était tout à coup sorti de l'attitude paci-
» fique qu'il avait gardée depuis plusieurs années. A la fin du mois
» de septembre, il avança sur les hauteurs de Ros-el-Ackim, envoya
» des émissaires dans les montagnes pour soulever en sa faveur les
» tribus kabyles, ramena à lui par la terreur une partie des tribus
» arabes qui l'avaient abandonné, se porta le 9 octobre sur le camp
» de Dichaï, et proposa le combat à nos troupes ; enfin, à la fin d'oc-
» tobre, il osa poursuivre nos soldats et nos alliés jusque sous les
» murs de Bone ; le commandant Youssouf fut contraint de s'y réfu-
» gier avec ses cavaliers. »

Et cependant malgré le sentiment profond de cette nécessité, le
ministre écrivait sans cesse au maréchal qu'il restait juge de l'opportunité de faire ou de ne pas faire l'expédition de Contantine.

La commission recherche ensuite quelles ont été les causes des désas-
tres de la dernière campagne ; elle les trouve : 1° dans la faiblesse
numérique de l'armée. 2° dans le choix de la saison, 5° dans l'insuf-
fisance des moyens de transport. Et cependant, elle pense qu'il est
incontestable que le ministère du 6 septembre a tenu tous les engage-
mens du ministère précédent ; « mais, ajoute-t-elle, sous ce rapport
» le général en chef est autant que le ministère à l'abri de tout repro-
» che. S'il y a désormais un fait constant, c'est que nos soldats n'ont
» point reculé devant la multitude de leurs ennemis ; partout où il
» s'est agi de combattre, l'honneur de nos armes a été dignement sou-
» tenu : avec six mille hommes nous nous fussions emparés de

» Constantine, si les élémens n'avaient pas conspiré contre nous. »

Quant aux intempéries, il n'en est point de même : « personne, » dit-on, ne devait plus que M. le maréchal Clausel prendre des in- » formations exactes. »

En résumé :

« La retraite a été admirable. L'impassible fermeté du général en » chef a soutenu l'énergie de l'armée entière. Il y a eu de la part des ». officiers et des soldats des miracles de sang froid et de patience qui » ont montré la toute puissance de la discipline (observez que la com- » mission déplore l'anéantissement de toute discipline dans l'armée » d'Afrique) et de la tactique contre la furie des hordes qui se préci- » pitaient sur nos bataillons. »

Voilà les proportions mesquines auxquelles se réduisent, sous l'investigation parlementaire, les énormités si outrageusement impu-tées au maréchal Clausel : voilà les bases de la brutale destitution dont l'a frappé un ministère dont la destinée est de flétrir tout ce qu'il touche.

Voyons maintenant comment le gouverneur général d'Alger répond, non pas, encore une fois, aux dires de la commission, mais aux im-postures du ministère, aux lâchetés honteuses qui se sont ralliées à lui pour se ruer sur une grande renommée qu'ils ont crue à terre.

Hâtons-nous de le dire : l'attente des amis de l'illustre maréchal n'a pas été trompée; il n'est pas une seule des accusations dirigées contre lui, qui ne s'évanouisse devant la netteté, la franchise et l'énergique simplicité des ré-ponses qu'il leur oppose. Dédaignant tous ces artifices de langage qui far-dent l'expression sans déguiser la pensée, l'honorable maréchal dit la vérité à tout le monde, et cette vérité est terrible, car elle éclaire d'une vive lu-mière les ténébreuses combinaisons d'une politique ignoble; elle est ter-rible, car, pour parler comme l'auteur, et grace lui en soit rendue, il n'ex-prime pas toujours sa pensée avec la convenance d'un écrivain expérimenté. « Vieux soldat qu'on force de prendre la plume pour défendre son épée, si » je parais, dit-il, inhabile à manier cette arme si nouvelle pour moi, qu'on » se souvienne que c'est avec du fer que j'ai écrit mon nom sur les marbres » de l'arc-de-triomphe, et que mon épée protège ma plume.... Incapacité » et improbité, voilà les fourches caudines sous lesquelles on veut me » faire passer. Homme incapable et malhonnête homme, voilà les épi- » thètes dont on veut me récompenser, après quarante-quatre ans de ser- » vices. Je ne les accepte pas, car il y a quelque chose de plus fort que la » haine, la sottise et la calomnie, c'est la vérité. Or, je la dirai la vérité, » je la dirai tout entière. Que ceux qu'elle blessera et que ceux qu'elle » humiliera ne s'en prennent qu'à eux mêmes du mal que je leur ferai, de » la honte que je leur renvoie... Que mon pays m'écoute, c'est à lui que je

» m'adresse : ma vie a toujours été à lui pour le défendre ; je la lui livre
» pour la juger. »

Le mémoire du maréchal Clausel se divise en trois parties principales.
Dans la première, il explique quels étaient ses vues et son système sur
la colonie d'Alger ; il donne les motifs de l'expédition de Mascara et de
Tlemcen ; il expose dans tous ses détails l'affaire de Constantine et il répond à toutes les accusations auxquelles elle a donné lieu ; enfin, il montre
comment l'administration d'Alger a manqué d'unité, de force et de justice.

Dans la seconde partie, il passe aux faits qui lui sont personnels. Il fait le
compte exact de la contribution de Tlemcen, le récit détaillé de la mission
de M. Baude ; il rend à toute sa vérité l'affaire du général de Rigny ; il
donne la valeur et le nombre des propriétés qu'il possède en Afrique, lui
maréchal, et il produit les actes en vertu desquels il les a acquises.

La troisième partie du mémoire est consacrée aux documens officiels sur
lesquels repose l'ensemble de la justification. « Quant aux accusations qui
» consistent à inventer des faussetés notoires, je ne répondrai, dit-il, que
» ces mots : *Vous avez impudemment et sciemment menti.* »

Faisons d'abord quelques extraits du texte, en suivant l'ordre dans lequel sont classés les faits primordiaux.

Quand il accepta le gouvernement d'Alger, le maréchal Clausel croyait,
dans sa simplicité, qu'une grande pensée de prévoyance avait fait entreprendre cette conquête, qu'on voulait sincèrement garder. Et comment
n'aurait-il pas eu cette croyance ?

« Quand l'Angleterre recherche tous les points de la Méditerranée où
» elle peut s'établir avec tant de persévérance, que si un rocher s'élève à
» fleur d'eau elle court y porter son drapeau ; quand la Russie se ménage
» si soigneusement le passage des Dardanelles pour faire de la mer Noire
» un bassin d'où elle puisse un jour lancer ses flottes contre nous ; quand
» le commerce maritime, poussé depuis le 15e siècle vers les Amériques,
» semble se retourner vers l'ancien monde redevenu presque nouveau par
» l'abandon où on l'a laissé ; quand la Turquie oublie jusqu'à sa religion
» pour se constituer puissance européenne ; quand l'Egypte, cette terre
» féconde et nourricière, appelle de tous ses efforts les arts et les sciences
» pour prendre rang de nation ; quand tous les intérêts politiques et com-
» merciaux tendent à se concentrer autour de cette mer qui lie tant de
» peuples entre eux ; quand l'Angleterre et la Russie occupent les deux
» ports de cette Méditerannée où nul ne devrait pouvoir entrer sans notre
» permission. »

Posséder en face de notre littoral européen un littoral africain non
moins étendu ; être postés sur les deux flancs de cette mer de manière à
la contenir dans notre obéissance ; pouvoir protéger notre commerce du
nord et du midi de cette vaste route où voyagent tant de richesses ;

avoir, en cas de guerre, des ports et des arsenaux qui se regardent et se secourent; être les maîtres de porter le combat à droite ou à gauche; avoir, en cas de revers, des asiles devant et derrière; c'était une position qui semblait si belle, si forte, si supérieure, que prévoir qu'on voudrait l'abandonner eût semblé, au maréchal, une injure au bon sens le plus grossier. »

Cette *foi sincère* dicta tous les actes de son gouvernement. Ces actes avaient pour but de rendre notre occupation formelle, invincible, inattaquable et paisible. De là les entraves systématiquement jetées sur les pas du maréchal par une politique qui ne voulait pas de cette occupation; de là les conflits entre deux pouvoirs qui marchaient en sens si notoirement inverse.

Ici le maréchal Clausel explique avec une parfaite lucidité comment il entendait organiser l'occupation à laquelle les Arabes étaient d'autant mieux préparés qu'ils « ne s'imaginaient pas qu'un peuple qui se disait » intelligent et fort serait embarrassé d'une terre qui avait obéi à dix- » huit mille Turcs. »

Mais le système d'occupation *tel qu'il a toujours été entendu par le gouvernement,* consistait : « A rester sur le littoral de la régence, un pied sur » la terre, un pied dans la mer. A peine osait-on jeter quelques postes en » avant pour qu'il fût permis aux garnisons de respirer. Si un général ten- » tait plus, c'était un ambitieux ou un imprudent ; si quelques hommes » étaient tués dans ces reconnaissances, il prodiguait inutilement le sang » de ses soldats. On souffrait à peine que l'occupation s'étendît assez pour » que les tribus voisines des villes que nous habitions consentissent à nous » apporter des vivres. Qu'on eût laissé faire aux savans ennemis du système » envahisseur, et bientôt il eût fallu que la France nous eût envoyé jusqu'à » l'eau que nous buvions ; bientôt, non seulement on n'eût pas osé sortir » des enceintes, mais à peine eût-on osé se montrer aux fenêtres des mai- » sons avancées. Et ceci n'est point une exagération, ceci est la simple vé- » rité; les Arabes sont ainsi faits, qu'ils vous méprisent et vous assassinent » si vous ne les gouvernez avec justice, mais avec une main de fer. »

Un autre système était indispensable ou il fallait abandonner Alger. Or, pour le garder d'une manière calme et forte, le maréchal pensait qu'il fallait « se porter en avant, à droite, à gauche ; posséder des cen- » tres principaux d'action ; entre ces points principaux des points intermé- » diaires, pour le lier les uns aux autres : il fallait couvrir la régence d'un » réseau de garnisons et de camps qui ne permissent pas aux populations » de se rassembler tumultueusement, qui ne laissassent pas un champ ou- » vert et libre à tous ceux qui voudraient y venir semer la révolte; il fal- » lait maintenir le pays complètement.

» Et qu'on ne pense pas que pour arriver à ce but on eût besoin d'ef-

» forts prodigieux, de dépenses énormes et constantes ; il suffisait de deux
» campagnes entreprises avec les forces nécessaires, poursuivies avec la
» volonté de faire sincèrement ce qu'on dit toujours vouloir faire, et ce
» qu'on ne fait jamais ; et la colonie maîtrisée, soumise, tranquille, se se-
» rait gardée avec le même nombre d'hommes qui aujourd'hui ne peuvent
» empêcher quelques Kabaïles errans de venir assassiner jusqu'aux portes
» de nos villes.

» Et d'abord, dans la province d'Oran, je voulais que nous eussions en
» notre puissance Mascara, ville fortifiée, qui devait servir de refuge aux
» ambitieux auxquels il plairait de combattre notre puissance ; Tlemcen,
» qui tient la clef de tout le commerce de la province ; Oran, pour le ser-
» vice de la mer ; et, pour compléter ces positions, Mostaganem, Callah,
» Massagran, le camp de la Tafna et le camp du Sig, avec une colonne
» mobile de cinq mille hommes. Cela fait, cette province était enveloppée,
» dominée, soumise. Mascara en notre possession, Abd-el-Kader ou tout
» autre était rejeté dans le désert ; ce n'était plus qu'un chef d'Arabes er-
» rans. Tlemcen dans nos mains, il ne recevait plus ni armes, ni muni-
» tions, ni secours d'hommes de Maroc, et tous les efforts de cette puis-
» sance jalouse mouraient faute de pouvoir arriver jusqu'aux Arabes.

» Dans la province d'Alger et de Titeri, je voulais avoir, outre Alger et
» les postes entre cette ville et la ligne de Blida, la ligne de Blida à Coleah,
» deux postes avancés au versant du col de Teneah, Medeah et Milliana ;
» dans la province de Constantine, Bougie, Bone, le camp Clauzel, la
» Calle et Constantine. 40,000 hommes suffisaient pour les deux campa-
» gnes ; 50,000 pour ces occupations, et, deux ans après, 20,000 hommes
» dominaient complètement la régence. Cela fait, les beys nommés, établis
» et protégés par nous, avaient joint les troupes indigènes à nos troupes ;
» des marches et des contre marches instantanément ordonnées et deve-
» nues presque sans danger (car nos bataillons auraient toujours été à por-
» tée d'une ville amie) auraient incessamment sillonné cette terre ; bientôt
» on eût senti partout le poids de notre autorité, l'activité de notre sur-
» veillance ; les réunions nombreuses d'Arabes ne pouvaient plus s'orga-
» niser ; les tribus, comprenant que nous pouvions les protéger comme les
» punir, n'auraient point craint de se donner à nous ; elles auraient regardé
» nos ennemis comme les leurs, elles auraient marché à nos ordres (elles
» l'ont fait tant qu'elles ont cru que nous voulions être les souverains du
» pays) ; elles eussent été véritablement nos sujettes : alors l'Algérie deve-
» nait une vraie province française, alors la colonisation n'était plus une
» affaire de gouvernement, elle venait toute seule. »

Au lieu de cela que faisait-on? On se tenait le plus qu'on pouvait sur les
bords de la mer, poussant quelques pointes sans but contre des ennemis

qui fuyaient devant nous pour revenir bientôt nous cerner dans nos for-
teresses.

Tel était l'état des choses, lorsque Abd-el-Kader, comprenant notre inha-
bileté, nous laissant dans la paisible possession du littoral, et organisant
sa puissance sur le sol immense ouvert derrière nous, se *proclama roi de
la terre* et concéda, par courtoisie, le titre de *roi de la mer* à S. M. Louis-
Philippe. Le général Trézel courut alors à la rencontre de l'émir, et fut
battu à la Macta.

Ce fut dans cette triste conjoncture, que le maréchal Clausel fut, pour
la seconde fois, envoyé en Afrique, grace aux exigences de l'opinion publique,
mais au grand regret du gouvernement. Ce fut alors aussi qu'il reconnut
la nécessité du système d'occupation que nous avons exposé plus haut, et
qu'il résolut de l'établir quelque mauvais vouloir qu'on lui opposât à Paris ;
« car, dit-il, si vous ne prenez pas Constantine, si vous abandonnez Tlem-
» cen, l'Afrique est perdue pour nous. L'ordre parti de Paris d'abandonner
» Tlemcen équivaut à un ordre d'évacuation.

   » . . . .

» Il faut à la régence Constantine et Tlemcen, comme il fallait au royaume
» de France Calais et Bordeaux. Tant que les Anglais ont occupé ces deux
» villes, ç'a été sur notre terre une guerre d'extermination. Et cependant,
» alors comme aujourd'hui, il y avait des amis de la paix qui trouvaient
» que les Anglais étaient fort bien à Calais et à Bordeaux, et que vouloir
» les en chasser était une prétention folle, malintentionnée et pernicieuse
» au pays. La race des peureux est éternelle. »

Telles sont les masses principales du système d'occupation adopté par
le maréchal Clausel ; les bornes de cet article ne nous permettent point
d'en reproduire les détails, mais les caractères généraux que nous signalons à l'attention de nos lecteurs, suffiront pour prouver que lui du moins
avait un système, et « c'est, dit-il, parce que j'en avais un qu'on a voulu
m'écarter du gouvernement de la colonie. »

On le voit : ce système devait nécessairement le conduire aux expéditions de Tlemcen et de Constantine. L'honneur seul lui eût fait un devoir
de venger notre défaite de la Macta. Cependant on lui a reproché d'être allé
jusqu'à Tlemcen sans y avoir été autorisé par le ministère, et c'est ici que
commence le récit curieux des affirmations et des dénégations, des approba-
tions et des restrictions, des ordres verbaux et des contre-ordres écrits des
ministres dans les deux expéditions de Tlemcen et de Constantine.

Examinons s'il est vrai que l'expédition de Tlemcen ait été faite sans
l'autorisation du ministère ? Loin de là ; car on ordonnait au contraire au
maréchal de vigoureuses opérations dans la province d'Oran, le prince
royal s'y rendait, et une fois les troupes assemblées dans cette place on
mettait devant S. A. R. la question de savoir si l'on commencerait la

campagne par la prise de Mascara, ou si l'on ne devait pas plutôt se rendre d'abord à Tlemcen, où les Turcs nos alliés étaient réduits à la nécessité de manger leurs sandales.

« Et l'on a osé dire, s'écrie le maréchal, et l'on a répété partout, que le » gouvernement n'avait pas autorisé cette expédition. On a lancé ce petit » mensonge dans la chambre, et on l'a laissé s'accréditer dans le pays. On » savait cependant que c'était un mensonge. Maintenant voici ce qui est la » vérité :

» Lorsque le ministre reconnut que la commission du budget (session » de 1836) était défavorable à l'Afrique en général, et qu'elle désapprou- » vait tout ce qui avait été fait par le gouvernement, on ne trouva rien de » mieux à faire que de se décharger sur moi de la plus grande part possi- » ble de responsabilité, et l'on insinua dans la commission que l'on n'avait » pas positivement autorisé l'expédition de Tlemcen. Plus tard, M. le ma- » réchal Maison déclara accepter vis-à-vis de la chambre la responsabilité » de l'expédition, mais en se réservant toutefois de contester l'autorisa- » tion qu'il m'avait donnée.

» Ainsi, après m'avoir donné l'ordre de venger une défaite et d'abattre » la puissance d'Abd-el-Kader, qui menaçait alors de nous chasser de » l'Afrique, on désavouait mes opérations comme général en chef, bien » qu'elles fussent évidemment conformes aux plus simples notions de la » guerre et de la politique.

« Ce fut le premier acte de ce système timide, absurde, entaché d'igno- » rance et de mauvaise foi, et qui consistait à me charger d'exécuter des » ordres toujours complets verbalement, mais que l'on se réservait dans les » dépêches officielles de rendre obscurs, incohérens, quelquefois même » douteux par les plus machiavéliques réticences. »

Que se passait-il donc réellement en Afrique lors des expéditions de Mascara et de Tlemcen? ce qui s'est passé lors de l'expédition de Constantine, ce qui a toujours existé depuis six ans.

« Le gouvernement ordonnait et préparait la guerre, mais il n'indi- » quait que très-vaguement ses plans et son but; ce qui se conçoit, puis- » qu'il était toujours dans l'incertitude de ce qu'il voulait, ou dans une » pensée secrète contraire à un établissement sérieux en Afrique. Si je le » pressais de s'expliquer et proposais des plans pouvant conduire à un ré- » sultat, on me répondait verbalement d'une manière satisfaisante, et par » les dépêches officielles, on ne disait ni oui, ni non, on acceptait avec » des restrictions, des contradictions, des doutes, etc. Pendant ce temps » les choses se faisaient, mais sans ensemble, sans vigueur, sans les » moyens nécessaires et surtout sans les résultats que l'on aurait obtenus si » le gouvernement eût agi différemment.

« Aussitôt une chose faite, au lieu de lui donner de la suite, comme je

» devais l'espérer, on se plaignait de ce qui avait été fait, on me désa-
» vouait, on rappelait les troupes, on ordonnait des réductions dans les
» dépenses, enfin on agissait aussi activement pour défaire et pour per-
« dre les fruits de ce qui venait de se faire, que l'on avait agi mollement
« pour entependre ce qu'il eût bien mieux valu défendre positivement au
» lieu de l'ordonner.

» En effet, le gouvernement veut venger la défaite de la Macta. Il
» veut secourir les Turcs et Coulouglis de Tlemcen ; il veut abattre
» la puissance menaçante d'Abd-el-Kader. Il le veut bien positivement.

« Voici ce qu'il m'écrit à ce sujet :

« *Qu'Abd-el-Kader se soumette, qu'il reconnaisse sans condition l'au-*
» *torité du roi dans la personne du gouverneur-général, et nous le lais-*
» *serons en repos.*

»*.... Il ne vous aura pas échappé, monsieur le maréchal, que le traité*
» *du 26 février 1834, s'il a pacifié la province d'Oran, avait donné à*
» *l'émir un pouvoir qui tendait sans cesse à s'accroître et qui devenait*
» *nuisible à nos intérêts politiques. Il faut donc anéantir jusqu'aux*
» *traces de ce traité, car un nouvel arrangement qui en reproduirait*
» *quelque partie ferait de nouveau d'Abd-el-Kader une puissance.* » (*Voir*
» *la lettre ministérielle, pièce n° 2, du 5 janvier 1836*).

» *... Je pense que vous ne voulez négocier avec Abd-el-Kader que*
» *comme avec un sujet. Le traité du général Desmichels a été aboli par*
» *l'émir, il ne faut pas le renouveler, l'intérêt de la France s'y oppose.* »
(*Voir la dépêche télégraphique, en date du 4 janvier, pièce n° 5.*)

«Ceci était suffisamment positif. En même temps le gouvernement envoie
» des troupes à Oran. L'héritier du trône s'y rend en personne. Toutefois
» aucun des moyens nécessaires pour bien réussir ne sont réunis. Les
» moyens de transport manquent entièrement. On parvient à se les procu-
» rer dans le pays. On doit combattre vingt mille cavaliers, et l'on n'a
» pas de cavalerie. Heureusement je manœuvrai, et nos soldats combatti-
» rent de manière à s'en passer : mais on sait qu'à la guerre il n'y a pas de
» résultats utiles sans cavalerie.

» Au retour de Mascara, Abd-el-Kader était-il soumis, sa puissance
» anéantie ? Non, quoiqu'il l'eût dit lui-même un moment, quoiqu'i₁
» eût renvoyé chez elles les tribus de l'est qu'il avait soulevées. Car quel-
» ques jours après, il courait vers l'ouest, il soulevait le pays et se réunis-
» sait à son kaïd Ben-Nouna, qui tenait Tlemcen assiégée. Il s'empa-
» rait de cette ville et réparait ainsi la perte de Mascara. »

On va donc à Tlemcen, car c'était de toute nécessité ; on y va, car il
avait été précédemment bien entendu que l'on irait. L'expédition a lieu.
La citadelle est occupée par nos troupes, la ville par les Coulouglis, et le
but proposé par le gouvernement est alors atteint, mais alors seulement.

Abd-el-Kader n'a plus le prestige de la victoire, Mascara ne lui présente plus un refuge, qu'il est obligé d'aller chercher sous la tente; il n'a plus l'espérance de s'emparer de Tlemcen; il est fugitif, errant; il a perdu une grande partie de son influence; encore quelques efforts, et sa puissance sera entièrement détruite.

« Mais de même que le gouvernement n'avait pas tout fait pour assurer » le succès de l'expédition de Mascara, de même il désavoue l'expédition de » Tlemcen dès qu'elle est faite: il me reproche, dit le Maréchal, d'y avoir » laissé garnison, rappelle sur-le-champ et par économie les troupes en » France; il ne néglige rien, en un mot, pour perdre le fruit de cette » campagne et pour laisser à Abd-el-Kader le temps et les moyens de ré- » parer ses revers, et de rallier de nouveau les Arabes, en leur faisant » comprendre que le gouvernement renonce à tout projet de domination, » et regrette jusqu'à ses succès. »

Dès lors commence contre le maréchal ce système d'insinuations perfide, de calomnies, d'attaques secrètes, de menées de police dont nous voyons aujourd'hui les effets. Mais pourquoi, après la longue discussion qui eut lieu à la chambre, sur l'expédition et la contribution de Tlemcen, ne fut-il pas destitué? C'est que son système était encore trop populaire en Afrique et en France pour oser le frapper; c'est que le cœur et les consciences manquaient encore pour oser soutenir toutes ces infamies; il fallait ourdir de nouvelles machinations: on attendit.

Mais pourquoi le maréchal ne donna-t-il point alors sa démission?

« C'est dit-il, parce que j'avais engagé en Afrique trop d'intérêts par- » ticuliers à me suivre pour les abandonner si brusquement; c'est que » les colons étaient venus à ma voix et que je ne voulais pas faire une » question d'intérêt d'une question de colonisation; c'est surtout qu'il se » trouvait à la tête du cabinet un homme qui entreprenait de faire quel- » que chose en Afrique avec l'Afrique, et avec lequel je pouvais m'en- » tendre. M. Thiers s'était décidé à prendre un parti décisif vis-à-vis de » l'Afrique; il avait senti, comme moi, que si les demi-mesures sont fa- » tales dans toutes les occasions, elles le sont encore plus vis-à-vis d'un peu- » ple qui ne comprend l'autorité et la puissance que lorsqu'elles se mon- » trent promptes, fortes, résolues, et, pour ainsi dire, excessives. Alors » il voulut connaître mes idées et mon système sur le plan d'occupation à » suivre; alors je lui fis remettre par mon aide-de-camp, M. de Rancé, » une note, en date du 19 juillet 1856 [1], où était exposé le système d'oc- » cupation dont j'ai parlé plus haut. »

Ce système obtint l'approbation de M. Thiers. Une fois le but arrêté, le premier ministre s'était montré large sur les moyens de l'atteindre.

[1] Voir pièces n° 1.

« Non-seulement, dit-il au maréchal, nous vous donnerons en hommes
» et en matériel tout ce qui vous manque ; mais si lorsque vous serez à
» l'œuvre, 10,000 soldats vous étaient nécessaires pour triompher plus
» rapidement et plus complètement, demandez-les et nous vous les
» enverrons. »

» Après de telles phrases, je ne doutais plus, ajoute le maréchal, de la con-
» quête de Constantine ; mais c'était bien peu de chose que la conquête de
» Constantine à côté de la conquête qui me restait à faire ! celle-ci devait
» avoir lieu dans les bureaux de la guerre, et Dieu sait si jamais les Arabes
» ont si bien défendu leur pays que certains Français le font pour eux. Tou-
» tefois voici ce que je fis demander et ce qui me fut accordé :

» 1° 50,000 hommes de troupes françaises, 5,000 hommes de troupes
» indigènes régulières, 4,000 de troupes indigènes irrégulières, soldées seu-
» lement pendant l'expédition de Constantine.

» Et avant tout, et par dessus tout, je fis observer que je n'entendais pas,
» par 50,000 hommes de troupes françaises, 50,000 hommes d'effectif gé-
» néral, mais bien 50,000 hommes d'effectif réel ; c'est-à-dire 50,000 hom-
» mes valides, non employés au service des hôpitaux ou de l'administra-
» tion, 50,000 combattans enfin.

» 2° Je fis dire que l'opportunité de l'entreprise entrait autant dans le
» succès que la force matérielle qu'on y emploierait ; et je demandai en
» conséquence que l'envoi des troupes et du matériel fût entièrement achevé
» le 15 septembre.

» Je demandai encore, qu'en attendant la complète exécution des pro-
» messes qui m'avaient été faites par le président du conseil, 5,000 hom-
» mes fussent immédiatement envoyés à Bone, pour se porter sur Guelma,
» dont je faisais alors mon point de départ, et qui me permettait de fondre
» en un instant sur Constantine. Enfin je demandai que les sommes né-
» cessaires pour m'entourer de tous les renseignemens utiles en cette cir-
» constance, et pour attirer dans notre parti le plus grand nombre possible
» de chefs influens, fussent mises en ma disposition. »

Tout cela fut promis. De plus il fut expressément convenu que tous les
préparatifs et tous les envois seraient terminés le 15 septembre, et les ordres
furent donnés en conséquence, immédiatement, *séance tenante.* Mais à peine
le maréchal eut-il quitté Paris que commença la crise ministérielle qui a
amené le cabinet du 6 septembre et avec elle commencèrent les hésita-
tions, les dénégations, les contre-ordres qui ont été les véritables obstacles
au succès de l'expédition de Constantine.

« Du moment, dit le maréchal, que le ministère du 22 févier prévoit sa
» chute, il déclare ne pouvoir plus engager sa responsabilité vis-à-vis des
» chambres, pour une expédition qui peut dépasser les crédits votés par
» elles, il s'arrête et donne aussitôt l'ordre de suspendre l'envoi des troupes

» destinées à Bone. Cette première faute, car c'en est une, cette première
» faute qui nous enlevait la position de Guelma, qui nous empêchait de
» nous poster à dix-huit lieues de Constantine, qui nous enlevait la sou-
» mission de tout le pays compris entre Guelma et le camp de Drean;
» cette première faute n'est pas de mon fait. Je suis général pour comman-
» der les troupes qu'on me donne, mais non pas pour faire des opérations
» sans troupes.

» Cependant plus de trois semaines s'écoulent dans cet état d'incerti-
» tude et d'hésitation ; en attendant, le découragement gagne l'armée qui
» ne sait plus ce qu'on veut faire d'elle, et l'espoir renaît dans le cœur des
» Arabes. Le bey Achmet qui, s'il nous avait vus agir vigoureusement
» comme nous nous en vantions, serait venu peut-être nous apporter
» humblement à Guelma les clefs de Constantine, le bey Achmet se ré-
» veille. Tandis que nous perdons le temps, il le met à profit; il marche vers
» Bone, attaque le camp de Drean, châtie les tribus qui s'étaient compro-
» mises pour nous, leur apprend qu'il n'y a aucun fond à faire sur nos
» promesses, nous déconsidère dans un pays où l'action de combattre suit
» immédiatement la menace qu'on en fait, et nous perdons à la fois notre
» position militaire et notre position morale. »

Voyant bien qu'il ne devait pas s'attendre aux secours qui lui avaient été
promis. Le maréchal envoya alors M. de Rancé à Paris, afin de réclamer
10,000 hommes de troupes pour le 15 octobre au plus tard. Cette mission
de M. de Rancé fut marquée par les plus honteuses roueries de la part
du ministère. Le temps et l'espace nous manquent pour rapporter ici tous
les actes de duplicité doctrinaire que révèle le mémoire que nous avons
sous les yeux. Nous devons nous borner à dire que tout ce qui avait été
promis au maréchal lui fut positivement refusé. Et cependant, qui le croirait? « En même temps le ministre de la guerre demandait à mon aide-de-
» camp une note qui lui fut remise. (Voir aux pièces la note 7) *comme s'il*
» *désirait de nouveaux renseignemens sur une question contre laquelle, je*
» *dois le croire, on avait déjà pris une résolution irrévocable.* »

Et, en effet voici les dernières instructions données par le général
Bernard à M. de Rancé :

» Dites bien à M. le maréchal que nous regardons comme utile,
» comme nécessaire que cette expédition ait lieu. Dites lui bien, enfin,
» que, comme ministre de la guerre, je le presse vivement de la faire, et
» que, comme général Bernard, qui ai toujours été et qui suis toujours
» attaché au maréchal Clausel, je désire vivement qu'il la fasse..... »

Le maréchal explique d'une manière péremptoire pourquoi, malgré
tous les mécomptes qu'il éprouvait, il entreprit l'expédition de Constantine.

» On m'a beaucoup reproché, dit-il, de céder à la vanité de guerroyer,
» comme si l'homme qui depuis 92 jusqu'en 1814 n'avait pas quitté les

» champs de bataille devait encore avoir beaucoup dans le cœur cette
» soif de combats qui brûle et égare souvent les jeunes généraux. On a
» supposé que j'allais à Constantine dans l'espoir d'y trouver des trésors,
» comme si celui à qui il a été offert cinq millions pour proposer seule-
» ment et négocier l'abandon d'Alger avait besoin d'aller chercher bien
» loin des occasions de pillage et de vol, s'il eût été un homme de vol et
» de pillage. Une pensée plus grave, plus nationale, plus haute, m'a dé-
» cidé à tenter, malgré tout, l'expédition de Constantine : c'est qu'une
» fois à Constantine, nous étions si complètement les maîtres du pays,
» que c'eût été une lâcheté trop manifeste que de prétendre l'abandon-
» ner, et que je voulais mettre quelques hommes dans la nécessité de
» montrer à visage découvert cette lâcheté qu'ils ont dans le cœur et qu'ils
» déguisent sous des prétextes d'humanité ou d'économie.

Le maréchal aborde ensuite les accusations et les calomnies dont on l'a
si libéralement abreuvé.

On lui reproche d'avoir été à Constantine sans connaître cette place. A
cela il répond par la production des plans qu'il a fait faire. Et cependant, il existait au ministère de la guerre, nous en avons la certitude, un travail presque complet, travail que le savant général qui dirige le bureau des archives eût sans aucun doute communiqué au maréchal Clausel si le ministère lui en eût donné l'ordre, comme c'était son devoir? Quoi vous possédez les plans d'un pays sur lequel vos armées vont porter la guerre, et vous ne les mettez point à la disposition du général en chef! Est-ce ineptie ou trahison?

« Ce que mes ennemis auraient dû dire, s'écrie le maréchal, ce qui est
» la vérité, c'est qu'arrivé devant Constantine, avec un matériel détraqué
» et une armée épuisée par la fatigue, je n'ai pas pu porter même les canons
» mal attelés qu'on m'avait donnés vers le côté de la place que je savais
» être défendu par cette fameuse chemise qu'on m'a tant reprochée. Ce
» qu'on aurait dû dire, c'est qu'il y a un homme, que l'on appelle le colonel
» Duvivier, qui, à la tête de quelques centaines d'hommes et avec deux
» pièces de campagne, a pénétré jusque dans les premières maisons de
» Constantine. »

Ce qu'on aurait dû dire, quoique le maréchal s'abstienne d'en parler,
et ce que nous disons nous, c'est que le colonel avait derrière lui une brigade tout entière (la brigade de M. de Rigny) qui l'a regardé faire sans
recevoir l'ordre de le soutenir dans cette tentative héroïque.

On a reproché au maréchal de n'avoir pas emporté de vivres suffisans.
Il répond, en publiant les états officiels qui constatent qu'il avait emporté
pour dix-huit jours de vivres, beaucoup plus qu'il n'en fallait pour aller de
Bone à Constantine et en revenir.

On lui a reproché la légèreté de ses paroles en face de ses soldats et la confiance apparente qu'il leur montrait : il répond :

« Sans doute, je n'ai pas fait comme certains hommes qui suivaient » mon armée, quand les dangers croissaient autour de moi, je » n'ai pas dit qu'il n'y avait pas de salut possible ; j'ai montré de la con- » fiance, parce que j'ai voulu l'inspirer ; j'ai laissé voir de l'insouciance » pour ne pas laisser gagner l'armée par le souci de son danger ; le rôle de » trembleur et d'alarmiste ne m'appartenait pas ; du reste, dans cette » triste expédition de Constantine, il a été assez habilement joué par un » homme qui s'est fait mon ennemi, pour qu'il n'y eût plus rien à faire » après lui.

« Que ceux qui étaient près de moi et qui trouvaient que la gaîté de mes » paroles était une injure pour les frayeurs qu'ils éprouvaient, que ceux- » là ne m'aient pas défendu quand on m'a attaqué à ce sujet, je le conçois » et je leur pardonne ; mais lorsqu'un journal a osé écrire que j'avais fait » atteler à ma voiture les mules enlevées aux prolonges des blessés ; » quand ce journal a ajouté que j'étais monté dans cette voiture pour » abandonner mon armée, que pas un de ceux qui étaient dans cette voi- » ture ne se soit écrié sur-le-champ : Ceci est un mensonge infâme ! qu'il » n'y en ait pas un qui ait écrit aussitôt : C'est moi qui étais dans cette » voiture où le maréchal Clausel n'a pas mis le pied ! et qu'on m'ait ré- » duit enfin à venir dire moi-même que, durant cette retraite, je ne suis pas » descendu un moment de cheval, c'est odieux, c'est triste, c'est méprisa- » ble, et j'en ai rougi pour eux encore plus que pour moi.

« Si ce fait avait besoin d'un témoignage auquel mes ennemis doivent » avoir une grande confiance, j'attesterais celui de M. Baude, qui était, » lui, dans cette fameuse voiture ; et sans doute il répondrait selon la vé- » rité, si toutefois il a gardé la mémoire de ce qu'il a vu ou de ce qu'il a » cru voir durant l'expédition de Constantine. D'ailleurs, quand il me » disait sous l'influence du danger : Dieu est miséricordieux, il nous sau- » vera ! il m'a donné de sa dévotion une idée qui me fait supposer que la » charité n'en est pas exclue, et que ce n'est pas l'oubli des services qu'il » a reçus qu'il pratique chrétiennement. »

On s'appuie du témoignage de M. de Mortemart, à propos de je ne sais plus quelle misérable imputation de valet : à cela le maréchal répond par la lettre suivante de M. de Mortemart.

« Monsieur le maréchal, rentré de la nuit dernière dans mes foyers, au « milieu de toutes mes affections et de toutes mes jouissances, mon premier » besoin est de vous remercier de l'hospitalité que vous m'avez donnée » dans vos camps d'Afrique. Près de vous, dans la bonne et mauvaise for- » tune, j'aurais été heureux de vous être utile, et de diminuer le nombre » des tristes résultats qui nous affligent. Au milieu des fontes et des faus-

» setés que le public et surtout la presse débitent , invariable dans ce que
» je crois la vérité, je la dirai si on me la demande , avec la franchise d'un
» soldat et la convenance d'un homme bien élevé. Mais l'esprit de parti et
» la malveillance sont là. Si jamais l'on me prête, monsieur le maréchal,
» un propos inconvenant ou mensonger, mieux que moi vous connaissez
» la vérité, alors je vous prie de penser et de dire : C'est faux, il n'a pas
» dit cela.

» Le duc de Caraman m'a fait part du bon souvenir du gouverneur
» d'Alger. Veuillez, je vous prie, présenter mes hommages à madame la
» maréchale, me rappeler au souvenir de vos enfans et des braves officiers
» qui vous entourent, et recevoir , monsieur le maréchal, la nouvelle as-
» surance de ma plus haute considération.

Signé le duc de MORTEMART. »

Aux bruits répandus sous la foi prétendue de M. de Mortemart, le maréchal Clausel ajoute :

» J'ai traité de folie les inquiétudes de mes amis ; je leur ai appris que
» j'étais dans d'excellens rapports avec M. le duc de Mortemart; je leur
» ai dit que M. de Mortemart m'avait souvent offert des services ; je leur
» ai montré la lettre qu'il m'a écrite après son départ d'Alger ; je leur ai
» dit qu'à supposer que M. le duc de Mortemart fût l'ennemi du maréchal
» Clausel, il choisirait pour le combattre un terrain digne de tous deux ;
» enfin j'ai donné ma parole d'honneur que M. le duc de Mortemart
» n'avait point dit cela. »

Voilà ce que répond le maréchal Clausel aux propos attribués à M. le
duc de Mortemart. Voici ce que nous disons, nous, rédacteurs de *la Minerve*, à M. de Mortemart :

« Mais maintenant, monsieur le duc, que le maréchal Clausel a répondu
» pour vous; maintenant qu'il vous a lavé de l'accusation d'avoir répandu
» contre lui des bruits si bas et si méprisables, maintenant, monsieur le duc,
» que répondrez-vous ? car vous voilà averti de ce qu'on fait de votre nom,
» on le compromet dans une dénonciation de valets : c'est à vous à vous
» défendre; c'est à vous à retirer votre nom de cette basse discussion,
» comme le maréchal en a retiré le sien. »

Le maréchal répond sur le même ton et avec une égale autorité aux
diverses accusations dirigées contre lui; il fait prompte, complète et sé-
vère justice de toutes. S'agit-il de la fameuse contribution de Tlemcen, il
en indique les motifs, il en explique le mode de perception, il en précise
l'emploi par sous, mailles et deniers. Il réduit à néant l'étrange pétition
présentée dernièrement aux chambres; il dit par qui elle a été dictée et le
bénéfice qu'on a espéré en tirer. Il prouve qu'il est faux que l'administration française se soit jamais mêlée de la perception de cette contribution,
et, abordant la mission prétendue de M. Baude, « ce mandat qui n'était

pas de nature à être avoué, » il lui reproche avec une juste indignation d'avoir osé demander aux musulmans de Tlemcen *combien ils avaient donné au maréchal*, indépendamment de la contribution. « M. Baude, dit » le maréchal, ne mettant pas en doute par sa question que je ne fusse un » malhonnête homme, M. Baude s'est-il montré un honnête homme ? Je n'ai » pas touché du doigt à aucun des actes concernant la perception des contri- » butions de Tlemcen ; il le savait aussi bien que personne, et quand il » demandait aux musulmans ce qu'on m'avait donné, il m'outrageait gra- » tuitement à leurs yeux. S'il prend fantaisie à M. Baude de nier la véra- » cité de la déclaration dont je viens de m'appuyer, il faut que M. Baude » nous apporte autre chose que sa parole pour constater la validité des dé- » clarations qu'il peut avoir. S'il s'avise de dire que les signatures qui sont » apposées au bas de cette déclaration ont été surprises, il faudra qu'il » prouve que celles qu'il a obtenues n'ont pas été extorquées ; car M. Baude » par des insinuations et des réticences perfides, m'a laissé sous le » poids d'une accusation de vénalité. Si cela n'est articulé nulle part, cela » bourdonne partout, et il faut que ces bruits se justifient ou se taisent, car » maintenant, c'est entre vous et moi, monsieur Baude, une question » d'honneur. Si elle pouvait se vider par une affirmation de l'un de nous, » voici avec quelle vie passée je présenterais la mienne :

» J'ai eu dans mes mains les trésors du roi de Sardaigne, et la magni- » fique galerie de ses tableaux. De tous ces tableaux, je n'en ai accepté qu'un » (la femme hydropique de Gérardow), et ce tableau, je l'ai donné immé- » diatement au musée national : c'est le seul qui, en 1815, n'ait pas été » enlevé par les alliés, parce que c'est le seul qui venait d'un présent vo- » lontaire fait par le roi de Sardaigne.

» J'ai commandé à Saint-Domingue une portion de l'île, et j'ai eu dans » mes mains la fortune de beaucoup de ses habitans.

» J'ai commandé l'Illyrie, j'ai gouverné Raguse, j'ai été général en » chef en Espagne et en Portugal, ces deux pays où se cache la source » de tant de fortunes. En 1831, j'ai eu un million de fonds secrets à ma » disposition, et j'ai rendu 900,000 fr. au trésor. Dans cette même expé- » dition de Constantine, sur laquelle vous savez tant de choses, j'avais » 50,000 francs de fonds secrets : j'en ai rendu encore près de la moitié » au trésor. Je l'ai dit déjà et je l'explique ici plus complètement, il m'a » été offert de négocier l'abandon d'Alger, moyennant la somme de cent » millions pour la France, et de cinq millions pour moi. Et après qua- » rante-quatre ans de service, je suis resté avec un patrimoine pauvre » qui ne suffirait pas à l'ambition de la carrière la plus vulgaire, un pa- » trimoine dont la plus grande part me vient de mon père, dont l'autre » ne vient que de mes économies : voilà ce que j'aurais à dire si une » parole pouvait terminer une pareille discussion.

» Maintenant je demanderai à monsieur Baude, si la sienne se pré-
» sentera avec le même cortége de désintéressement. Non que je fasse,
» comme lui, non que je veuille soupçonner un homme d'improbité,
» parce qu'il s'est passé autour de lui des actes contre lesquels on a ré-
» criminé, mais parce que je doute qu'il ait jamais eu, comme moi,
» non pas l'occasion d'extorquer quelques milliers de francs, ou de vendre
» des rations de biscuit à cent sous la pièce, mais l'occasion de faire une
» de ces fortunes royales dont la splendeur fait oublier l'origine. »

Pour en finir de cette contribution, nous ne citerons plus qu'un fait. Le
maréchal ayant proposé d'en rendre aux contribuables la part non employée, s'élevant à 44,000 francs sur 94,000 : « Comme j'avais trouvé, dit-
» il, un ministère tout prêt à me blâmer ou à me laisser blâmer quand
» j'avais demandé cet argent, je trouvai de même un ministère tout prêt à
» le garder lorsque je proposai de le rendre. »

Est-il question de ses *immenses* propriétés en Afrique, le maréchal produit un tableau délivré par le receveur de l'enregistrement d'où il résulte :
1° Que ces propriétés, qui ne représentent pas une valeur de 40,000 francs,
lui en ont coûté 70,000 ; qu'il n'a jamais possédé un pouce de terrain venant du gouvernement, qu'il n'a jamais possédé un pouce de terrain venant
de concessions, qu'il n'a jamais possédé un pouce de terrain à titre gratuit,
etc. etc.

Nous regrettons de ne pouvoir suivre plus loin l'honnête homme calomnié, outrageusement calomnié, dans cette campagne d'un nouveau
genre contre des ennemis plus déloyaux et plus acharnés assurément que
les Bédouins qu'il a combattus, mais nous ne saurions clore ces extraits
sans reproduire les terribles paroles qu'il jette, en terminant, à la face d'un
pouvoir calomniateur.

« Et maintenant ai-je suffisamment répondu ? Après avoir repoussé les
» calomnies et les accusations dont j'ai été l'objet, n'ai-je pas aussi quel-
» ques accusations à élever ?

» Agent du gouvernement, ai-je trouvé dans le pouvoir cet appui qu'il
» prête d'ordinaire avec tant de chaleur à tous les employés qui sont sous
» ses ordres ? Le dernier de ceux-ci leur tient à cœur, quelque chose qu'il
» fasse, s'il agit dans la voie de leurs volontés ; mais moi, maréchal de
» France, j'ai été constamment désavoué par lui. Sans doute cela vient de
» ce que je n'agissais pas dans cette voie. En effet, je faisais toujours ce
» qui me paraissait juste et convenable pour le maintien de notre puis-
» sance en Afrique, la conservation et le développement de la colonie.
» Mais la conservation de la colonie n'était pas dans la volonté du pouvoir,
» et voilà ce qui explique ses désaveux incessans et perfides.

» Mon tour est venu de dire ma pensée.

» Oui, je vous accuse de ne pas vouloir garder Alger, et jusqu'à ce que

» vous soyez venu en face des chambres le jurer de manière à ce que per-
» sonne n'en puisse douter, même les puissances étrangères, je
» dirai que vous travaillez secrètement à cet abandon. C'est une volonté
» secrète, mais tellement engagée, que vous faites tout pour y arriver.
» Rien ne vous en détourne, ni la population de Marseille presque doublée
» depuis sept ans, ni le mouvement énorme que cette colonie a imprimé
» à notre marine, ni les intérêts d'une partie de la France, qui a trouvé à
» Alger un avenir de richesses immenses : ni la dignité du pays, ni l'im-
» portance politique de la possession.

Qu'a-t-on donc acheté en retour de cet abandon, qui soit si précieux
qu'on le paye d'un prix si élevé ?

. . . .

Le maréchal continue :

» Triste récompense d'une longue et honorable carrière ! effrayant
» avenir offert à ceux qui se voueront au service de leur pays :

» Aussi je puis vous le dire, à vous jeunes généraux, qui rêvez la recon-
» naissance de votre pays pour avoir joué votre vie en toute circonstance
» pour lui : Voici ce qui vous attend, si jamais les circonstances vous of-
» frent l'occasion de faire ce que j'ai fait.

« Si la patrie appelle tous ses enfans, vous partirez comme soldat, vous
» gagnerez tous vos grades à la pointe de l'épée. Dans l'espace d'une cam-
» pagne vous assisterez à cinq batailles et à soixante combats, vous obtiendrez
» la reddition de plusieurs villes en enseignant par où et comment on les
» prend : je l'ai fait à Roses et à Figuières; après avoir apporté au pouvoir
» cent drapeaux pris à l'ennemi, cent drapeaux dont quelques-uns l'ont
» été de votre fait, vous refuserez le grade de général pour retourner là où
» on peut combattre; vous irez faire la guerre partout où on vous appel-
» lera ; vous serez chargés de l'abdication d'un roi; et, quand ce roi vous
» donnera un tableau dont un empereur vous offre un million, vous don-
» nerez ce tableau au musée national ; vous négocierez un royaume à la
» France, et vous arriverez au but; vous garderez des villes avec des gar-
« nisons inférieures ; vous sauverez, comme je le fis après la bataille de la
» Trébia, les restes d'une armée, en combattant, presque seul et durant tout
» un jour, à la tête d'un pont ; vous assisterez à tous les combats, et vous y
» ferez distinguer les troupes qui vous sont confiées : quand les dangers
» fuient la France, vous irez les chercher au loin; là vous combattrez et vous
» vaincrez, vous pacifierez des populations, vous rétablirez l'ordre, vous vous
» ferez bénir par les ennemis. Quand on vous aura éloignés de cette noble
» mission, on vous donnera une province à gouverner, vous la ferez sillon-
» ner de routes, et vous fonderez des établissemens qui vivront
» long-temps ; si votre souverain vous appelle pour prendre part à
» une bataille, vous lui amènerez votre corps d'armée à travers deux

» cents lieues de pays , en face d'une armée trois fois plus forte que la
» vôtre , et vous arriverez à jour fixe , comme un régiment qui part d'une
» caserne et qui va à un champ de revue ; vous irez prendre le comman-
» dement en troisième d'une armée ; et, lorsque deux chefs qui en répon-
» daient avant vous, tous deux mis hors de combat, vous la laisseront
» cernée de toutes parts , presque perdue, blessés vous-mêmes vous la ré-
» tablirez, vous la sauverez, vous la ramènerez intacte et forte devant
» une armée plus que double en soldats. Chargés d'un commandement en
» chef, vous combattrez incessamment un ennemi vainqueur, et vous re-
» tarderez sa marche de manière à mériter ses éloges et son estime. Puis,
» parce que vous serez du parti de la gloire française, on vous fera con-
» damner à mort, et vous vivrez dans l'exil ; de retour dans votre patrie,
» vous vous associerez à la résistance de l'opinion contre le pouvoir ; plus
» tard, et sous un nouveau gouvernement, vous serez chargé du soin
» d'une colonie nouvelle, et là vous ferez comme partout votre devoir,
» plus que votre devoir ; vous enseignerez aux soldats à combattre, vous
» donnerez tous vos soins à la grandeur et à la puissance de ce pays ; et au
» bout de tout cela qu'obtiendrez-vous ?

» Une brutale destitution pour un non succès que le pouvoir a amené
» autant qu'il l'a pu. Restés pauvres, vous serez accusés de concusion et
» de vol ; on vous dira riches de déprédations, tandis que vous serez
» obligés comme moi de vendre le patrimoine reçu de votre père, pour
» payer des dettes contractés pendant que vous donniez vos services
» à l'état : on demandera votre tête par journaux et par pétitions, on
» vous insultera en paroles et en écrits, on vous avilira sous tous les
» rapports.

» Allez donc, jeunes généraux : allez, risquez votre vie ; consumez
» toutes vos belles années dans les fatigues et les privations ; donnez votre
» sang sans calcul et sans mesure ; espérez la gloire, le nom , la fortune ;
« allez, allez, voilà ce qui vous attend ; car voilà ce qu'on m'a donné.

CONDITIONS DE L'ABONNEMENT.

La *Nouvelle Minerve* forme 4 volumes par an; chaque volume est suivi d'une table analytique des matières qu'il contient.

Elle paraît tous les dimanches matin, et part le même jour pour les départemens.

On s'abonne chez tous les libraires, chez tous les directeurs des postes et dans tous les bureaux des messageries royales et des messageries générales de France.

Le prix de ce recueil est de 14 fr. pour 3 mois, 27 fr. pour 6 mois et 50 fr. pour l'année.

Le montant des abonnemens doit être adressé d'avance, et *franc de port*, au gérant de la *Nouvelle Minerve*, RUE DE LA CORDERIE-SAINT-HONORÉ, N. 2, à PARIS.

Imprimerie de FÉLIX LOCQUIN, 16, rue N.-D.-des-Victoires.